www.ingramcontent.com/pod-product-compliance
Lightning Source LLC
LaVergne TN
LVHW021745200825
819168LV00039B/707
9781961986145

مرحباً!

دليل الأصدقاء للنجاح بالمدرسة الجديدة

مرحباً!
دليل الأصدقاء للنجاح بالمدرسة الجديدة

الدليل الشامل للوافدين الجدد لبدء المدرسة

Avery Yue

Translation by Sherok Mersal

Copyright © 2023 by Avery Yue

All rights reserved. No part of this book may be reproduced in any manner whatsoever without written permission except in the case of brief quotations embodied in critical articles and reviews.

First Printing, 2023

إلى الطلاب الوافدين الجدد واللاجئين المذهلين الذين شاركوا قصصهم ويعيشون معنا على مر السنين. لديك أصدقاء أكثر مما تعرف وألهمت عددًا أكبر من الأشخاص مما لا يمكنك عدة.

إلى قادة فريق الوافدين الجدد المذهلين في جميع أنحاء كاليفورنيا وخاصة القادة في مديرية التربية San Juan ومؤسسة James B. McClatchy Foundation. إن التزامك بالطلاب الجدد في بلدنا ودعم شركاء المجتمع يساعدنا على تحقيق آمالنا وأحلامنا ويوفر لنا طريقًا إلى الأمام نحو إمكانيات جديدة. شكرًا لك!

الفهرس

التعريف 2

الفصل واحد: ماذا يعني حقًا أن تكون طالبًا وافدًا 5

الفصل الثاني: العثور على الانتماء في مدرستك الجديدة 20

الفصل الثالث: الأدوات والموارد التي تحتاجها للمدرسة بلغة جديدة 34

الفصل الرابع: ما كنا نتمنى لو أخبرنا به أحد قبل أن نبدأ المدرسة 42

الفصل الخامس: كيف أقول ...؟ 63

الفصل السادس: أنت جاهز! 67

المقدمة

مرحبًا! ومرحبًا بكم في دليل الأصدقاء إلى نجاح المدرسة الجديدة ، وهو عبارة عن مجموعة من المعلومات و النصائح والحيل والرسائل من الطلاب الذين يفهمون رحلتك.

نبذة عن تاريخ الكتاب ، بدأ دليل الأصدقاء عندما لاحظنا أن الطلاب اللاجئين والوافدين الجدد الذين عملنا معهم في منظمتنا غير الربحية ، Willow Way Tutoring & Enrichment ، كانت لديهم أسئلة مماثلة وواجهوا صعوبات مماثلة عندما بدأوا مدارسهم الجديدة. أراد طلابنا أيضًا سماع إجابات من مراهقين مثلهم. بينما كنا نبحث عن موارد لمشاركتها معهم ، لاحظنا أن جميع المعلومات عن اللاجئين والمراهقين الوافدين الجدد تمت كتابتها بواسطة المعلمين وقادة المدارس وصانعي السياسات ومن أجلهم ، وليس من قبل الأطفال أنفسهم وليس من أجلهم. لم نتمكن من العثور على كتاب يجيب على أكثر ما يريد طلابنا معرفته.

لذلك ، وُلد دليل الأصدقاء. يحتوي على رسائل من الطلاب الأكبر سنًا حول تجاربهم ، والنصائح التي يرغبون في معرفتها عندما بدأوا ، وقائمة بالعبارات المترجمة لاستخدامها في الحياة اليومية. نأمل أن يمنحك هذا الإنطلاق في رحلتك المدرسية المذهلة!

المقدمة

هل تعلم ، في جميع أنحاء العالم ، أكثر من 280.6 مليون شخص مهاجرون في بلد جديد ، و 36.4 مليون منهم تقل أعمارهم عن ثمانية عشر عامًا؟ هذا هو 36.4 مليون طفل مثلك ، يكتشفون جميعًا حياتهم في منازلهم الجديدة ، أينما كان ذلك. ربما يكون ذلك في كاليفورنيا ، الولايات المتحدة الأمريكية ، تجربة أطعمة جديدة ، أو ربما في كندا ، اللعب على الثلج. لكن في جميع أنحاء العالم ، هناك العديد من الأطفال يواجهون موقفًا مشابهًا.

أينما كنت ، أنت مكلف باكتشاف المكان الذي تنتمي إليه في مساحتك الجديدة. أنت تبني منزلًا ، وتتعلم مهارات جديدة ، وتبني مجتمعًا ، وتستغرق جميع المهام وقتًا طويلاً ولكنها جديرة بالاهتمام والتي تتضمن العديد من المصاعب ، ولكن أيضًا العديد من الفوائد.

بالإضافة إلى ذلك ، ستلتحق بمدرسة جديدة وتتعلم المكان الذي تنتمي إليه أيضًا ، وهو أمر اختبره العديد من الطلاب الآخرين! بالنسبة إلى العديد من أصدقائنا الوافدين الجدد واللاجئين ، فإنك تفعل كل هذا بمفردك. يهدف هذا الكتاب إلى إعطاء بعض النصائح على طول الطريق ، من الأصدقاء الأكبر سنًا مع النصائح للمساعدة أثناء إرشادك خلال هذه التجارب الجديدة.

في هذه الصفحات ، قمنا بجمع أفضل المعلومات من الطلاب حول قصصهم كمهاجرين في بلد جديد ، أو تجاربهم العامة كطلاب ينتقلون إلى مدرسة جديدة. يقدم هؤلاء الطلاب المعلومات التي كانوا يرغبون في الحصول عليها عندما بدأوا مدارسهم الجديدة: نصائح ساعدتهم ، و إجابات عن الأسئلة التي طرحوها ، وبعض العبارات المفيدة التي تجعل الأشهر القليلة الأولى في المدرسة أسهل قليلاً ، بالإضافة إلى بعض الرسائل المشجعة .

لدينا أيضًا بعض الفرص لك لإضافة قصصك ونصائحك وعباراتك المفيدة وإرسالها إلينا بالبريد الإلكتروني ، حتى تتمكن من مساعدة طالب في المستقبل ، إذا كنت تريد! نحن بالتأكيد نحب أن نسمع منك. لديك أصدقاء في جميع أنحاء العالم يهتمون بك و يشجعونك .

حظا سعيدا ، و دعنا نبقى على اتصال!

الفصل 1

كيف يبدو حقًا أن تكون طالبًا وافدًا

اسأل أي طالب ، و سيخبرك أنه من الصعب القيام بشيء جديد. سواء كان الأمر يتعلق بنقل المنازل أو تعلم العزف على آلة موسيقية ، فإن القيام بشيء ما لأول مرة يكون دائمًا صعبًا - وعندما تنتقل بين البلدان ، هناك الكثير من الخطوات الأولى سوف تواجهك!

قال معظم طلابنا إن تجاربهم كلاجئين أو مهاجرين كانت غالبًا صعبة. كان عليهم تعلم لغة جديدة وثقافة جديدة ، وتكوين صداقات جديدة ، والاستقرار في روتين جديد ، وكلها من الصعب القيام بها بمفردهم ، بل والأكثر صعوبة ان تكون كل هذه المهام مجمعة.

لكن الكثيرين قالوا أيضًا إنهم تعلموا الكثير من الأشياء المفيدة كلاجئين أو مهاجرين ، واكتسبوا نقاط قوة مهمة عندما تعلموا التعامل مع هذه الصعوبات. تم اكتساب كل مهارة وتعلم وقوة فقط لأنهم كانوا مهاجرين.

من الطبيعي أن تكافح عند الوصول إلى بلد جديد ، ولكن غالبًا ما تؤدي هذه الصراعات إلى العديد من نقاط القوة التي يراها الآخرون ويحترمونها ويحبونها.

في الصفحات التالية ، ستحصل على فرصة لقراءة الرسائل من الطلاب الأكبر سنًا الذين أرادوا مشاركة تجاربهم معك كمهاجر يبدأ مدرسة جديدة في بلد جديد ، وكيف كان الحال بالنسبة لهم في البداية ، وكيف أثرت هذه التجارب على نجاحهم في المدرسة.

رسائل من الطلاب

داريا ، جونيور

في منزلي ، أعمل مترجمًا للعديد من الأشياء. أساعد والدتي في مهامها في محل البقالة ، وأساعد والدي في أي استمارات حكومية أو طبية يحتاج إلى قراءتها أو التوقيع عليها. قد يكون هذا صعبًا في بعض الأحيان ، لأنني في بعض الأحيان لا أفهم ما تعنيه الاستمارات، أو لأن لدي واجبات منزلية وأشياء أخرى أحتاج إلى القيام بها. ومع ذلك ، أعتقد أن هذه المسؤوليات منحتني المهارات التي ساعدتني كثيرًا في المدرسة. يمكنني مساعدة الطلاب الجدد على التواصل مع معلميهم أو فهم واجباتهم المدرسية ، ويمكنني أيضًا مساعدة العائلات الجديدة على الالتحاق بالمدرسة إذا احتاجوا إلى مترجم. أساتذتي يدعونني باني اقوم بدور

الجسر بسبب هذا. بمجرد أن علمت أن لدى هذه المهارات ، توصلت إلى المزيد ، وتعلمت أنه يمكنني تكوين صداقات بسهولة حقًا بسبب مدى استعدادي للمساعدة والتواصل ، والآن لدي الكثير من الأصدقاء الجيدين أيضًا! لا أعتقد أنني كنت سأكتسب هذه المهارات أو أصبح الشخص الذي أنا عليه الآن إذا لم تكن لدي التجارب التي مررت بها كوني جديد في هذا البلد.

أمير ، سنيور

عندما غادرنا وطني ، كان هناك الكثير من المشاكل المختلفة التي كان على حلها بمفردي. نادرا ما سارت الأمور كما هو مخطط لها ، ومرة أخرى كانت هناك عقبات كان على التغلب عليها. كان علي أن أصبح متفائلاً للغاية ، واتضح أن هذه سمة قيّمة

في بلد جديد. يعتقد الناس أنني مرن وحازم ، وهم معجبون بالطريقة التي أواصل بها مسيرتي حتى عندما تكون هناك عوائق ومصاعب في تحقيق هدفي. لقد تعلمت أن أقف على قدمي! أنا على استعداد لتكريس نفسي لتحقيق أحلامي ، لأي شيء من الحصول على درجة جيدة في الاختبار إلى الحصول على وظيفة رائعة ودعم عائلتي. لقد ساعدتني هذه المهارات كثيرًا. على سبيل المثال ، بدأت برنامج مساعدة مدرسية وساعدت في تعليم الطلاب حتى يتمكنوا من تحقيق أحلامهم أيضًا. لقد جعلتني تجربتي كوني جديدة على هذا البلد شخصًا يتمتع بالحياة والعمل الدؤوب.

احمد , جونيو

عندما كنت قادمًا إلى هذا البلد ، قابلت الكثير من الأشخاص المختلفين على طول الطريق. كان علي أن أتعلم كيفية

التحدث إلى أشخاص من العديد من البلدان والثقافات المختلفة ، وفي العديد من المواقف المختلفة ، مثل الحكومة أو مكتب الطبيب. عندما وصلت أخيرًا إلى الولايات المتحدة ، كان هناك المزيد من القواعد التي يجب تعلمها ، وأحيانًا كانت الاختلافات عن منزلي القديم وما اعتدت عليه ساحقة. في البداية لم أرغب في التواصل وتجارب المزيد من الأشياء الجديدة في المدرسة أو في الفصل. اعتقدت أن التعلم القيم الوحيد كان من الكتب التي استخدمها المعلم. على الرغم من ذلك ، أدركت أنه خلال تلك التجارب كنت أتعلم الكثير من الأشياء القيمة أيضًا وكنت أنمي الكثير من مهارات الاتصال والأشخاص. الآن أنا جيد حقًا في التعرف على وجهات نظر الآخرين وفهم الناس ، وقد جعلني ذلك أبلي بلاءً حسنًا في المدرسة ، لا سيما في فصول اللغة الإنجليزية والتاريخ ، والتي تتعلق كلها بهذا النوع من الأشياء. كما أنني لم أعد أخشى تجربة مواقف اجتماعية جديدة ، مثل الانضمام إلى ندوات أو مقابلة شخص جديد في المدرسة ، وأنا رائع في حل الخلافات بين أصدقائي. الآن ، أشعر بالثقة بسبب تجاربي وأحب تجربة أشياء جديدة.

محمد ، سنيور

من الصعب أحيانًا أن تكون جديدًا في بلد ما. يمكن أن تكون الحياة هنا صعبة. لكن كل هذه التجارب جعلتني أقوى وتعلمت كيفية التعامل مع خيبة الأمل. عندما اكتشفت أن أبناء عمي لن يأتوا معنا ، اعتقدت أنها نهاية العالم ولن أكون سعيدًا هنا أبدًا. لكنني تعلمت أنه يمكنني أن أكون سعيدًا هنا وأريد تحقيق أقصى استفادة . لقد تعلمت أني أقدر كل يوم ؤ أنني أستطيع أن أكون, وكيف أنه من واجبي أن لا أضيع وقتي.و هذا كان له دور مهم. و توفرت لى بعض الفرص الرائعة التي أخذتها على محمل الجد. وحتى لو كانت الأمور صعبة في بعض الأحيان ، فأنا أعلم أن هذا أمر طبيعي وعليك فقط الاستمرار وعدم الاستسلام. قبل عامين ، كنت أعمى وضعيفًا للغاية - لقد أخذت كل شيء كأمر مسلم به واستسلمت بسهولة. لقد جعلتني

تجربت المجيء إلى هنا الشخص القوي الذي أنا عليه الآن - وأعتقد أن أبناء عمي يفتخرون بي.

سميرة ، سنيور

بصفتي شخصًا جديدًا في الولايات المتحدة الامريكية، قمت بالعديد من الأشياء. لقد عشت في أماكن كثيرة وكان علي أن أتعلم لغات مختلفة للتواصل مع كل من احتجت إليه. كان علي أن أترجم لوالدي في بعض الأحيان. عندما وصلت إلى الولايات المتحدة الأمريكية، كنت قلقة من أنني لن أنجح في المدرسة. ثم أدركت أن قدرتي على تعلم لغات أخرى تعني أنني أعرف كيف أتعلم أي شيء. أعرف كيف أجد الأنماط ، وأحفظ الأشياء ،

وأواصل المحاولة حتى أحصل عليها. أعرف كيفية حل المشكلات الصعبة والتغلب على العقبات ومواصلة التقدم . ساعدتني معرفة هذه القدرة عن نفسي كثيرًا في صف الرياضيات تقول المعلمة أنني الآن واحدة من أكثر الطلاب ذكاءً وإبداعًا في فصلها. شجعني مدرس آخر على الحصول على ختم القراءة والكتابة لإظهار عدد اللغات التي أعرفها ، والتي يمكن استخدامها عند التقدم لوظائف في المستقبل. تعد معرفة كيفية التحدث بأكثر من لغة مهارة قيمة للغاية للعديد من المهن. من قبل ، كنت أستسلم بسهولة ، لكنني الآن أعرف أنني أستطيع التكيف والتغلب على أي تحدي.

غوادالوبي ، سنيور

في بلدي الأم ، كانت الأمور صعبة وغالبًا ما كنت لا أعرف ماذا أفعل. كانت هناك مفاجآت جديدة كل يوم كان علي أن أتغلب عليها ، ولم أكن أعرف ما الذي سيأتي به المستقبل أو ما الذي يجب أن أستعد له. الآن لا تزال هناك بعض العقبات هنا في الولايات المتحدة الأمريكية. أحيانًا يكون هناك تقدم ، ثم يحدث شيء ما ويكون الأمر صعبًا مرة أخرى. لكنني دائمًا ما أمضي قدمًا ولا أستسلم ابدا. في الفصل ، أدركت أن المهارات التي تعلمتها للاستمرار في المرور حتى خلال النكسات وخيبات الأمل يمكن استخدامها في العديد من المواقف المختلفة. عندما يكون

المعلم وقحًا معي ، أو أحصل على درجة سيئة في مهمة القراءة ، فأنا أعلم أنه يمكنني تجاوز ذلك . أعرف كيف أقف مرة أخرى بعد أن أُسقطت واحاول مرة أخرى ، وأعلم أنني سأصل الى هدفي في النهاية حتى لو لم أشعر بذلك في ذلك الوقت.

خوان مانويل ، سنيور

عندما وصلت إلى الولايات المتحدة ، حصلت على وظيفة حتى أتمكن من المساعدة في إعالة أسرتي ، ولكن لا يزال على أيضًا مسئولية القيام بالمهام المدرسية. هناك الكثير من العمل والمجهود بين الأمرين. على أن استيقظ مبكرًا لأداء مهامى الدراسية ، ثم أذهب إلى المدرسة ، بعد اليوم الدراسى أذهب إلى وظيفتي ، ثم أخلد إلى النوم متأخرًا لأنني لا يزال يتعين على إنهاء واجباتي المدرسية ، وبعد ذلك يكون هناك المزيد من العمل في

اليوم التالي. إنه شعور لا ينتهي. عندما أكون في الفصل ، كثيرًا ما يقول أساتذتي إنني أفضل عامل. على الرغم من أنني لا أستطيع دائمًا إنهاء مهامي الدراسية في الوقت المحدد ، فقد بذلت مجهودا شاقًا لتعلم المواد جيدًا. أقوم بالقراءة التي لا يريد أي شخص آخر القيام بها والمسائل الصعبة في فصل الرياضيات ، ويدرك أساتذتي ذلك. لقد ساعدتني تجربتي في العمل مع عائلتي كثيرًا في فصولي الدراسية ، والآن أحصل على أعلى الدرجات بفضل أخلاقيات العمل القوية.

أمينة ، سنيور

منذ أن وصلنا إلى هنا ووالداي مشغولان جدًا ، ولذا فأنا الشخص الذي يعتني عادةً بجميع إخوتي وأخواتي الصغار.

اساعدهم أن يكونوا جاهزين للمدرسة وايضا أساعدهم في واجباتهم المدرسية وإعداد جميع الوجبات ونظافة المنزل. إنه عمل شاق جدا! لكن هذا يعني أنني عندما أذهب إلى المدرسة ، أعرف كيف أعول نفسي والآخرين. يعرف المعلمون أنه يمكنهم الاعتماد علي في مساعدة الآخرين ، وعندما يأتي شخص مهم لزيارة المدرسة ، فأنا من يقوم بـ الجولة معهم والتحدث معهم ، لأن المدرسين يعرفون أنني شخص مسؤول. لقد تم اختياري لشغل مناصب قيادية في الأندية لأن لدي الكثير من الخبرة في قيادة أشقائي الصغار. لقد ساعدتني تجربتي في المنزل كثيرًا في حياتي المدرسية ، على الرغم من أنها قد تكون احيانا متعبة للغاية.

إيفان ، جونيور

نظرًا لأنني فاتنى الكثير من الدراسة أثناء نشأتي ، كنت أعلم أنه ستكون هناك فجوات في التعلم ليس لدى الأطفال الآخرين.

في بعض الأحيان كنت قلق من أن يظنوا أنني غبي لأنني لم أكن أعرف نفس الأشياء التي تعلموها. لكنني أعلم الآن أنه على الرغم من أنني لم أكن في المدرسة لمدة طويلة ، إلا أنني كنت وما زلت أتعلم الكثير من المهارات القيمة. لقد تعلمت أشياء لم يعرفها باقي الطلاب وربما لم يعرفوها أبدًا. لقد علمتني تجربتي قبل المجيء إلى هنا أنه يمكنك تعلم أي شيء! لا تخيفني الأشياء الجديدة كما اعتادوا، ولذا فأنا على استعداد لمواجهة التحديات التي يخشى تجربتها باقي زملائي في الصف. لقد تعرفت على الموارد المختلفة التي قدمتها مدرستي ، مثل المجموعات الدراسية وخدمات التدريس الخصوصي. أرى قيمة ما أتعلمه كل عام. الآن اتقدم في فصولي وقد تحسنت كثيرًا في مهاراتي في اللغة الإنجليزية بفضل ما تعلمته قبل وصولي إلى هنا.

اكتب رساله خاصه بك

بعد قراءة هذه الرسائل ، نطلب من طلابنا كتابة رسائلهم الخاصة للطلاب - حتى لو كانوا في بلدهم الجديد لفترة قصيرة من الوقت. نطلب منك أن تفعل نفس الشيء.

إليكم السؤال الذي نطرحه: كيف أعطتك تجاربك كلاجئ أو مهاجر القوة في رحلتك؟

يمكنك كتابة رسالتك في هذا الكتاب ، ولكن إذا كنت ترغب في مشاركة رسالتك معنا لمساعدة الطلاب الآخرين الملتحقين بمدرسة جديدة ، فنحن نحب أن نسمع منك! لن نشارك رسالتك إلا مع الطلاب الآخرين ، ولن نشارك اسمك مع أي شخص.

يمكنك إرسال رسالتك إلينا بالبريد الإلكتروني على admin@wwtutoring.club ويمكنك الكتابة إلينا بلغتك الأم. توجد إرشادات حول كيفية إضافة لغتك الرئيسية إلى لوحة مفاتيح الكمبيوتر في الفصل 3.

الفصل 2

العثور على الانتماء في مدرستك الجديدة

إن بدء مدرسة جديدة أمر يفعله جميع الطلاب في وقت أو آخر. مثل كل الأشياء الجديدة ، يمكن أن يكون الأمر صعبًا ومخيفًا ، ويعتقد العديد من الطلاب أنه لن يكون سهل أبدًا ، أو أنهم يفعلون شيئًا خاطئًا. لكن هذا أبعد ما يكون عن الحقيقة. يواجه الجميع صعوبة في التأقلم في البداية ، ويتحسن الأمر بمرور الوقت.

كل شخص ، سواء هاجر إلى بلد جديد أو عاش في نفس البلد طوال حياته ، لديه مخاوف بشأن الالتحاق بمدرسة جديدة. قال العديد من طلابنا إن تجاربهم كطالب جديد غالبًا ما كانت صعبة في البداية. لكنهم قالوا أيضًا إن تجاربهم تحسنت مع مرور الوقت.

على سبيل المثال ، قال بعض الطلاب إنهم تعلموا أن التحدث إلى زملائهم في الفصل أصبح أسهل بمرور الوقت. قال آخرون إنهم أدركوا أن الجميع يشعر بالإهمال أحيانًا في البداية.

هذه المخاوف بشأن ما إذا كنت مناسبًا لمدرستك الجديدة شائعة ومتوقعة. في الواقع ، إنها شائعة جدًا لدرجة أن الرسائل الواردة في هذا الفصل هي من طلاب من خلفيات متنوعة ،

مهاجرة وغير مهاجرة. هنا ، سنشارك هذه الرسائل من الطلاب الأكبر سنًا ، الذين سيتحدثون عن شكل تلك الأشهر القليلة الأولى في المدرسة الجديدة.

رسائل من الطلاب

صدّيقه ، سنيور

أنا حقًا أحب مدرستي الآن ، لكن عندما بدأت الدراسة ، كان الأمر صعبًا. لقد كنت متحمسة للغاية لأنني أصبحت طالبًا في مثل هذه المدرسة الجيدة ، لكنني كنت قلقًا أيضًا بشأن عدم اندماجى. كنت مختلفًا جدًا عن الطلاب الآخرين ، كيف يمكنني تكوين صداقات معهم؟ كنت أتحدث مع أحد زملائي في الفصل ، وأخبرتني أن الجميع يشعر بهذا الشعور في البداية! إنه أمر غريب - القلق بشأن اختلافنا يجعلنا جميعًا متشابهين. بمجرد أن أدركت ذلك ، شعرت بمزيد من الثقة ، وحاولت أن أكون أكثر انفتاحًا والتعرف على أشخاص جدد. استغرق الأمر بعض الوقت ، لكنني في النهاية كونت الكثير من الأصدقاء الجيدين ، والآن أصبحت تجربتي في مدرستي إيجابية إلى حد كبير بنسبة 100٪.

ماتياس ، سنيور

أحب مدرستي كثيرًا ولن أغير شيئًا. لدي بعض الأصدقاء المقربين ، وقد تعلمت الكثير. ومع ذلك ، فإن الانتقال إلى مدرسة جديدة أمر صعب على الجميع ، وكان ذلك بالنسبة لي بشكل خاص - لم يكن لدي أي فكرة عما كنت أفعله في عامي الأول هنا. قابلت الكثير من الناس ، لكنني لم أقم بتكوين صداقات مع أي منهم. لم أستخدم أيًا من الموارد الإضافية المقدمة لي مثل مجموعات الدراسة أو جلسات المساعدة الإضافية ، لذلك حصلت أيضًا على بعض الدرجات المنخفضة جدًا في السنة الأولى ، مما جعلني أشعر بالضيق. لكن بعد فترة ، اعتدت على مدرستي الجديدة وبدأت أشعر بتحسن في مكاني هناك ، وبدأت في تكوين صداقات جيدة وأشعر

بالاطمئنان بما يكفي لأطلب من أساتذتي المساعدة في درجاتي. الآن أحصل على بعض من أفضل الدرجات في صفي ، حتى أنني انضممت إلى مجموعة دراسة!

. لقد استغرق الأمر بعض الوقت ، لكن ما أنا عليه الآن كان يستحق ذلك.

إيلا ، سنيور

قبل أن أنتقل إلى مدرستي الجديدة ، لم أكن أفضل طالب. كنت أتنقل كثيرًا عندما كنت أصغر سناً ولم أبق في مدرسة واحدة لفترة طويلة ، لذلك كنت أجد صعوبة في المواكبة ، ولم تكن الدراسة والمدرسة أبدًا هو الشيء الأول الذي يدور في ذهني على أي حال. كنت قلقًا حقًا بشأن عدم أدائي الجيد عندما أتيت إلى مدرستي الجديدة ، وفي البداية لم أفعل. اعتقدت أنني كنت أسوأ

طالب في المدرسة بأكملها. لكنني لم أكن كذلك! اتضح أن الجميع كانوا قلقين بشأن الحصول على درجات سيئة وعدم الأداء الجيد ، وكان الجميع يواجهون أوقاتًا عصيبة في البداية. عملت بجد وتحدثت مع أساتذتي ، وبعد فترة ، تحسنت درجاتي كثيرًا. لم أكن وحدي كما اعتقدت ، والآن أنا بخير.

يسينيا، سنيور

لأكون صريحًا ، اعتقدت أن التحويل إلى مدرسة جديدة كان أمرًا سهلاً ، على الأقل في البداية. أحببت التسكع مع أصدقائي في المدرسة ، والتقيت بالكثير من الناس. ولكن بعد ذلك ، بعد عطلة الشتاء ، بدأت أشعر بالوحدة حقًا. شعرت وكأنني تركت كل أصدقائي الحقيقيين ورائي ، ولا يمكن مقارنة أي شيء أملكه في هذا المكان الجديد. لكنني قررت أن أمنح نفسي بعض الوقت ،

وأترك كل شيء في مكانه. انضممت إلى بعض الأندية والفريق الرياضي لمحاولة مقابلة أشخاص لديهم نفس اهتماماتي. وبدأت أتسكع مع أصدقائي بعد المدرسة أيضًا ، للتعرف عليهم بشكل أفضل. كان الأمر مضحكًا - لقد شعروا بنفس الشعور تجاه المدرسة الجديدة كما شعرت! أصبحت أكثر راحة ، ولم أكن أكثر ثقة وتأكدًا من نفسي إلا مع مرور الوقت! لقد استغرق الأمر بعض الوقت ، لكنني شعرت في النهاية أن مدرستي الجديدة هي المكان الذي كان من المفترض أن أكون فيه ، على الرغم من أنني ما زلت أفتقد أصدقائي القدامى.

جيك ، جونيور

لديّ عائلة كبيرة حقًا ، ووالداي مشغولان ، لذا بما أنني الأكبر ، يجب أن أعتني بالجميع. كان من الصعب تكوين صداقات

في مدرستي بسبب ذلك. كنت مشغولاً للغاية بعد المدرسة مع إخوتي الصغار لدرجة أنه لم يكن لدي ما يكفي من الوقت لأداء واجباتي المدرسية ، ناهيك عن الأندية. كانت سنتي الأولى ساحقة حقًا ، وأحيانًا شعرت أنني لا أستطيع أن أفعل ذلك. ومع ذلك ، بدأت تتحسن بالفعل. لقد تعرفت على الموارد التي تقدمها مدرستي للطلاب ، وقمت بالتسجيل في بعض البرامج. حتى أنني وجدت عددًا قليلاً من الطلاب الآخرين الذين يتعاملون مع نفس المعاناة التي كنت أقابلها أحيانًا حتى نتمكن جميعًا من رعاية إخوتنا معًا. ندير طاولات الواجبات المنزلية معهم بعد المدرسة ونأخذهم إلى الحديقة في عطلات نهاية الأسبوع ، وقد كان الأمر أسهل كثيرًا وحتى ممتعًا في بعض الأحيان. على الرغم من أنها بدأت صعبة حقًا ، إلا أنها أصبحت أسهل مع مرور الوقت ، والآن لا أستطيع أن أصدق مدى اختلافى عما كانت عليه عندما بدأت.

محمد، سنيور

عندما وصلت إلى مدرستي الجديدة لأول مرة ، شعرت بالضياع الشديد. لم أكن أعرف كيف أذهب إلى دروسي ، أو إلى من أتحدث لطلب المساعدة ، أو أين أجلس لتناول طعام الغداء ، أو ماذا أتوقع. شعرت بالعزلة حقًا. بدأت أتحدث إلى بعض الطلاب في مجتمعي حول ما كان عليه الحال بالنسبة لهم ، وقالوا إنهم شعرو بالخوف والعزلة في البداية ، تمامًا مثل ما شعرت. كان من المريح حقًا سماع أنني لست الوحيد الذي شعر بذلك. وبعد فترة شعرت بثقة وراحة أكبر في المدرسة. من المفهوم والطبيعي أن تشعر بالتوتر والخوف عند بدء مدرسة جديدة ، لكنني الآن أعلم أنها تتحسن بمرور الوقت!

إميلي ، سنيور

قبل أن أستقر في مدرستي الجديدة ، كنت خائفة حقًا. لم أكن أعرف أي شخص ، وكنت قلقة من عدم تمكني من اجتياز دروسي لأنني لا أعرف كيف أطلب المساعدة. يمكنني الذهاب إلى المعلمين ، لكنني لم أعتقد أنهم يريدون مساعدتي. لم يكن لدي أي أصدقاء. استغرق الأمر أكثر من عام ، ولكن في النهاية ، أدركت أنني لم أعد خائفًا بعد الآن. لست متأكدا متى أو كيف حدث ذلك ، لكن مع مرور الوقت اعتدت على مدرستي ، والآن أشعر بأمان وسعادة أكبر. أنا لست مشهورًا تمامًا ، لكن لدي أصدقائي وأعرف كيف أتحدث إلى المعلمين ، وأنا أبلي بلاءً حسنًا في الفصل. يمكنني حتى مساعدة الطلاب الأصغر سنًا الآن. أقول لهم إنه لا بأس من الشعور بالتوتر والخوف ، لأنك ستتحسن إذا كنت صبوراً ٫ اعمل بجد.

كريستيان ، جونيور

عندما بدأت المدرسة لأول مرة ، كنت في حيرة من أمري. لم أفهم ما يريده المعلمون ، وواجهت صعوبة في قراءة التعليمات الخاصة بمهام واجباتي المدرسية وفهم ما تعنيه. فكرت في طلب المساعدة من المعلمين عدة مرات ، لكنني لم أكن أعرف ما الذي يمكنهم فعله عندما لا أستطيع فهمها. شعرت وكأنني لم أكن ذكيا. لكن بعد ذلك ، كنت أتحدث مع أحد أصدقائي عن المدرسة ، وبدأ يصف كيف شعر بالارتباك والضياع ، وأدركت أن الجميع شعر بالارتباك والضياع في البداية ، بطريقة أو بأخرى. بعد ذلك ، حاولت أن أطلب من أحد المعلمين المساعدة في مهمة ، ولم يكن الأمر محيرًا كما اعتقدت وقد ساعدني. بدأت العمل بجد وبدأت في رفع درجاتي ببطء ، والآن أشعر بالرضا عن نفسي حقًا ـ أنا فخور بالتقدم الذي أحرزته. على أي حال ، لا بأس إذا كنت تعاني في

المدرسة! بعد فترة وجيزة ، ستكون في مكان ترى فيه تقدمًا ويمكنك حتى مساعدة الطلاب الآخرين!

إيما ، سنيور

أعتقد أن أكبر شيء تعلمته في مدرستي هو أن عليك أن تتحلى بالصبر مع نفسك. كنت واثقًا جدًا من بدء مدرستي ، لكن انتهى بي الأمر أنني لم أفعل جيدًا في فصولي. حصلت على بعض الدرجات السيئة حقًا وتوقفت عن تسليم المهام. بدأت فقط في التسكع مع الأشخاص الذين أعرفهم من الحي الذي أسكن فيه بدلاً من تكوين صداقات جديدة في المدرسة ، لأنني كنت قلقًا من أن هؤلاء الطلاب الآخرين قد يعتقدون أنني كنت غبيًا أو كسولًا لأنني لا أقوم بعمل جيد. كنت أتحدث مع معلمة ذات يوم ، وقالت إنني يجب أن أحاول الانضمام إلى نادٍي واحد لمدة أسبوع واحد فقط وأرى كيف تسير الأمور - وسارت الأمور على ما يرام حقًا. بعد فترة وجيزة ،

بدأت في التحدث إلى أشخاص جدد وبدأت في الذهاب إلى مجموعات التدريس والدراسة لطلب المساعدة في واجباتي. لقد كونت الكثير من الأصدقاء الجدد بهذه الطريقة. لذلك عليك أن تتحلى بالصبر ، لأن الأمر يستغرق وقتًا لتشعر بأنك ملائم ومعرفة كيفية عمل الأشياء ، ولكن إذا حاولت ، فستفعل ذلك في النهاية.

اكتب رساله خاصه بك

بعد قراءة هذه الرسائل ، نطلب من طلابنا كتابة رسالتهم الخاصة للطالب - حتى لو كانوا في مدرستهم الجديدة لفترة قصيرة فقط. نطلب منك أن تفعل نفس الشيء.

إليك الأسئلة التي نطرحها: تخيل أنك كنت في مدرستك الجديدة لمدة عام. ما هو شعورك عند بدء المدرسة؟ ما هو شعورك الآن بعد عام؟ ماذا تعلمت؟

يمكنك كتابة رسالتك في هذا الكتاب ، ولكن إذا كنت ترغب في مشاركة رسالتك معنا لمساعدة الطلاب الآخرين الملتحقين بمدرسة جديدة ، فنحن نحب أن نسمع منك! سنقوم فقط بمشاركة رسالتك مع الطلاب الآخرين ، ولن نشارك اسمك مع أي شخص.

يمكنك إرسال رسالتك إلينا بالبريد الإلكتروني على admin@wwtutoring.club ويمكنك الكتابة إلينا بلغتك الأم. توجد إرشادات حول كيفية إضافة لغتك الرئيسية إلى لوحة مفاتيح الكمبيوتر في الفصل 3.

الفصل 3

الأدوات والموارد التي تحتاجها للمدرسة بلغة جديدة

في هذا الفصل ، قمنا بجمع معلومات ونصائح حول كيفية الاستعداد لليوم الأول من المدرسة. هذه هي كل الأشياء التي تمنى الطلاب الآخرون أن يعرفوها عندما كانوا جددًا في البلد الجديدة واللغة الجديدة والمدرسة الجديدة. قد تعرف بعض هذه المعلومات بالفعل ، وبعضها قد لا تحتاج إلى معرفته حتى الآن. احتفظ بهذا الكتاب في متناول يديك على مدار عامك الأول ، بحيث يمكنك الرجوع إليه حسب الحاجة.

استخدم لوحة المفاتيح للكتابة بلغتك الرئيسية

يجد العديد من طلابنا أنه من المفيد إعداد لوحة مفاتيح تمكنهم من الكتابة باستخدام لغتهم الرئيسية على أجهزة الكمبيوتر وأجهزة Chromebook والهواتف. فيما يلي إرشادات حول كيفية إعداد لوحة مفاتيح بلغتك الرئيسية. قد تختلف التعليمات قليلاً حسب نوع الكمبيوتر الذي تستخدمه ، ولكن يجب أن تكون الاختلافات بسيطة.

لوحة المفاتيح بلغتك الرئيسية: الكمبيوتر
1. انتقل إلى "تفضيلات النظام" أو "إعدادات النظام".

- اختر "اللغة والمنطقة". غالبًا ما تحتوي على صورة علم أو كرة أرضية مستديرة.

- أضف لغتك إلى قائمة اللغات. ستكون اللغة الموجودة أعلى القائمة هي اللغة الافتراضية أو "الأساسية" لجهاز الكمبيوتر الخاص بك. سيعمل جهاز الكمبيوتر الخاص بك الآن بهذه اللغة، وستتمكن من الكتابة بهذه اللغة أثناء استخدام لوحة المفاتيح الإنجليزية الأصلية التي تأتي مع الكمبيوتر.

يجد معظم الطلاب أنه من المفيد أيضًا رؤية لوحة مفاتيح بلغتهم الرئيسية على شاشات أجهزة الكمبيوتر الخاصة بهم.

2. لإظهار لوحة مفاتيح لغتك الرئيسية على شاشة الكمبيوتر، انتقل إلى "تفضيلات النظام" مرة أخرى واختر زر "إمكانية الوصول". غالبًا ما تحتوي على صورة دائرة زرقاء بداخلها شخص.

- قم بالتمرير لأسفل في قائمة "إمكانية الوصول" حتى ترى خيار "لوحة المفاتيح". انقر فوق "لوحة المفاتيح". ستتوفر

ثلاث علامات تبويب تقريبًا: "التنقل" و "الأجهزة" و "العارض". اختر "عارض".

- حدد المربع الذي يقول "تمكين لوحة مفاتيح إمكانية الوصول". يعرض هذا لوحة مفاتيح بلغتك الرئيسية على شاشة جهاز الكمبيوتر الخاص بك. يمكنك الآن الكتابة باستخدام لوحة المفاتيح هذه بدلاً من لوحة المفاتيح الإنجليزية التي تأتي مع الكمبيوتر.

لوحة المفاتيح بلغتك الرئيسية: الهاتف

1. انتقل إلى إعدادات هاتفك. قد يُطلق على ذلك "إعدادات الهاتف" أو "تفضيلات الأنظمة" أو "إعدادات النظام" أو "الإعدادات" فقط. عادة ما يبدو وكأنه ترس رمادي أو فضي.
2. حدد الخيار في القائمة المسمى "عام". ثم حدد الخيار المسمى "اللغة" أو "اللغة أو المنطقة".
3. حدد لغتك الأم.
4. يمكنك الآن الكتابة بلغتك الرئيسية عند استخدام هاتفك.

موارد و نصائح لاستخدام المترجمين عبر الإنترنت

يجد العديد من طلابنا أن المترجمين عبر الإنترنت ذا قيمة. يحتوي هذا القسم على قائمة بالموارد المفضلة لدينا ونصائح حول كيفية الحصول عليها واستخدامها. سيعمل موقع Google Translate و Google Translate Shortcut على كل من أجهزة الكمبيوتر والهواتف. سيعمل تطبيق Google Translate على الهواتف فقط.

ترجمة جوجل على جهاز الكمبيوتر والهاتف

يترجم Google Translate الجمل والفقرات القصيرة إلى لغتك الأم ، أو من لغتك الأم إلى اللغة الإنجليزية. إذا كنت تريد ترجمة جمل من موقع ويب ، فيمكنك نسخ هذه الجمل إلى ترجمة Google. أو ، إذا كنت ترغب في إرسال رسالة نصية باللغة الإنجليزية ، فيمكنك كتابتها في الترجمة من Google بلغتك الأم ، وستقوم خدمة الترجمة من Google بترجمتها إلى اللغة الإنجليزية.

كيفية الحصول على موقع Google Translate واستخدامه:

- افتح أي محرك بحث (Google Chrome و Firefox و Safari كلها أمثلة لمحركات البحث). في مربع البحث ، اكتب "ترجمة Google". سيؤدي هذا إلى سحب موقع مترجم جوجل. سيكون هناك صندوقان جنبًا إلى جنب ، مع خيارات اللغة فوقهما.

- في المربع الأول ، اختر لغتك الأم. في المربع الثاني ، اختر اللغة التي تريد ترجمة كلماتك إليها ، مثل الإنجليزية.

- إذا كنت تريد ترجمة اللغة الإنجليزية إلى لغتك الأم بدلاً من ذلك ، فانقر فوق الأسهم الموجودة بين المربعين. سيؤدي هذا إلى تبديل ترتيب اللغات.

اختصار الترجمة من Google

سيسمح لك اختصار الترجمة من Google بتحديد نص مكتوب بالفعل على جهاز الكمبيوتر الخاص بك وترجمته إلى لغتك الرئيسية تلقائيًا ، دون استخدام موقع الترجمة من Google. يمكنه حتى ترجمة مواقع الويب بأكملها. توضح الأقسام التالية كيفية الحصول على اختصار الترجمة من Google واستخدامه على جهاز الكمبيوتر والهاتف.

اختصار الترجمة من Google: الكمبيوتر

- افتح أي محرك بحث (، Google Chrome، Safari ، Firefox). في مربع البحث ، اكتب "Google Web Store". بمجرد دخولك إلى المتجر ، استخدم مربع البحث الخاص به لكتابة "ملحق ترجمة Google"

تنزيل "ملحق ترجمة". Google.

- كيفية استخدام ملحق الترجمة من Google
- قم بتمييز بعض النصوص المعروضة بالفعل على جهاز الكمبيوتر الخاص بك. يمكنك القيام بذلك عن طريق النقر على المؤشر وسحبه (السهم الموجود على شاشتك). سيؤدي هذا إلى مربع الكلمات التي تريدها باستخدام مستطيل أزرق باهت.

- انقر بزر الماوس الأيمن فوق هذا المستطيل بالضغط على الجانب الأيمن من لوحة التتبع أو الماوس. إذا لم يفلح ذلك ، يمكنك الضغط على زر "control" أو "ctrl" على لوحة المفاتيح أثناء النقر على المستطيل الأزرق المميز.
- يعرض هذا قائمة خيارات صغيرة بجوار المؤشر. سيكون أحد هذه الخيارات هو "ترجمة".
- حدد "ترجمة" وسيظهر النص المميز باللغة التي اخترتها.
- بمجرد تنزيل الامتداد ، سيكون هناك زر ترجمة Google في الركن الأيمن العلوي من صفحة Google الخاصة بك. سيكون هذا على يمين شريط البحث وعلى يسار صورة حسابك.
- إذا قمت بالنقر فوق الزر "ترجمة Google" ، فسوف يمنحك خيار ترجمة صفحة الويب التي تتصفحها. اختر اللغة التي ترغب في ترجمة صفحة الويب إليها. سيكون هناك زر يقول "ترجمة هذه الصفحة". انقر فوقه ترجمة الصفحة.

اختصار الترجمة من **Google**: الهاتف

- سيعمل تطبيق Google Translate على الهواتف و يسمح لك بترجمة الصوت والصور.

- انتقل إلى متجر التطبيقات على هاتفك. قد يكون لها اسم مختلف. ابحث عن تطبيق "Google Translate" وقم بتنزيله.
- جرب التطبيق. تعمل وظائفه الأساسية بشكل مشابه جدًا لموقع Google Translate ، مع بعض الميزات الإضافية.

خصائص الكاميرا!

يمكنك الضغط على زر الكاميرا لترجمة النص الذي تراه في العالم الحقيقي ، مثل الكلمات الموجودة على اللافتة أو نموذج المدرسة أو الواجب المدرسي أو الكتاب المدرسي.

خصائص الميكروفون!

يمكنك الضغط على زر الميكروفون لتسجيل الصوت الذي تسمعه وترجمة معلم أو صديق أو أي شخص يتحدث. يمكنك أيضًا استخدامه لترجمة صوت مقاطع الفيديو أو المحاضرات التي يعينها مدرسك للفصل. احرص! يصعب على تطبيقات الترجمة فهم الصوت ، لذلك قد يمنحك التطبيق إجابة غريبة لأنه لم يسمع ما قيل.

ترجمة يوتيوب للشرح

إذا كنت بحاجة إلى مشاهدة مقطع فيديو على YouTube ، فقد تتمكن من رؤية التسميات التوضيحية المكتوبة للفيديو مترجمًا إلى لغتك الأم. لن تحتوي جميع مقاطع فيديو YouTube على

تسميات توضيحية ، ولكنها مفيدة جدًا إذا كانت تحتوي على تعليقات

الفصل 4

ما تمنينا أن يقوله لنا شخص ما قبل بدء المدرسة

في هذا الفصل ، قمنا بجمع أوصاف لما يمكن توقعه في المدرسة ، والطرق التي يمكنك القيام بها بشكل جيد ، وجميع الأشياء الأخرى التي تمنى طلابنا أن يعرفوها عندما كانوا جددًا في البلد واللغة ومدرستهم.

طلابنا اللاجئين والوافدين الجدد هم من دول حول العالم. يأتي بعضهم من مدارس تشبه إلى حد كبير مدرستهم الجديدة ، بينما يأتي البعض الآخر من مدارس مختلفة تمامًا ، والبعض الآخر لم يذهب إلى المدرسة على الإطلاق. يأتي معظم طلابنا من مدارس تقع في مكان ما بين هذين النقيضين. اعتمادًا على شكل مدرستك القديمة ، قد تجد بعض المعلومات هنا مفيدة جدًا ، أو قد تجدها غير مفيدة على الإطلاق. هذا الفصل هو كل ما تحتاج إلى معرفته وأكثر قليلاً. خذ ما تريد واترك الباقي.

الأشخاص الأساسيين في مدرستك

الآن بعد أن أصبح بإمكانك الكتابة بلغتك الأم ثم ترجمتها إلى لغة مدرستك الجديدة ، يمكنك استخدام البريد الإلكتروني للتواصل مع الأشخاص في مدرستك الذين من صميم مهامه مساعدتك.

تختلف المدارس في كيفية تعيين الأدوار والألقاب التي تُمنح لموظفيها. هنا ، نوضح بعض العناوين والأدوار الشائعة التي ستجدها ، والأسباب التي قد تجعلك تتصل بالأشخاص الذين يشغلون هذه الأدوار.

العثور على الأسماء وعناوين البريد الإلكتروني لهؤلاء الأشخاص في مدرستك ، يجب عليك البحث عن عناوينهم في دليل المدرسة ، والذي يمكن العثور عليه على موقع المدرسة. بعد ذلك ، فيما يتعلق بمنصبهم وسلطتهم ، يمكنك إرسال سؤالك إليهم عبر البريد الإلكتروني.

مدير المدرسة

مدير المدرسة هو أعلى مركز سلطة في مدرستك ، وهو المسؤول عن تنظيم جميع الأنشطة المدرسية والإشراف عليها. لم يواجه طلابنا سببًا لإرسال بريد إلكتروني إلى مدير مدرستهم ،

ولكن في بعض الأحيان قد يرسل المدير رسائل بريد إلكتروني ، مثل التحديثات أو التذكيرات أو الإعلانات ، إلى المدرسة بأكملها.

نائب مدير المدرسة

يحتل نائب مدير المدرسة المرتبة الثانية من حيث السلطة في مدرستك وهو مسؤول عن مجموعة كبيرة ومتنوعة من الوظائف المتعلقة بالنشاط المدرسي. تواصل دائمًا مع معلمك أولاً أو المستشار التعليمي للمدرسة (انظر أدناه) ، ولكن اعلم أنه يمكنك إرسال بريد إلكتروني لنائب المدير إذا لزم الأمر.

المستشار التعليمي للمدرسة أو مستشار التوجيه

هذا الشخص موجود في مدرستك من أجل:

- شرح المواد الدراسية التي تحتاج دراستها للتخرج. إذا كنت لا تعرف المواد الدراسية التي تحتاجها للتخرج ، يجب عليك أن تسأل مستشارك التعليمي، وسوف يساعدك.

- شرح المواد الدراسية التي تحتاج إلى الالتحاق بها من أجل الوصول إلى أهدافك المهنية ، مثل الالتحاق بكلية أو مدرسة تجارية.

- يقدم ايضا اقتراحات بشأن النوادي المدرسية أو الرياضة أو الأنشطة التي قد تكون مناسبة لك أو قد تستمتع بها.

- معالجة المشاكل. إذا واجهت أو شاهدت التنمر أو المضايقة أو التمييز أو أي نوع من السلوك المهدد الذي يجعلك أنت أو أي

شخص آخر تشعر بعدم الأمان ، يمكنك إبلاغ مستشار المدرسة بذلك.

- يساعد في حل أي مشاكل معارضة أو اختلاف مع طالب آخر.

المدرسين

ما تمنينا أن يقوله لنا شخص ما قبل بدء المدرسة

الأسباب الشائعة لإرسال بريد إلكتروني إلى معلم صفك هي:

- أنت بحاجة إلى مساعدة في فهم مادة الفصل أو الواجبات.
- أنت بحاجة إلى مساعدة في العثور على مدرس او صف إضافي مساعد مجاني للتقوية أو الشرح الإضافي.
- ليس لديك موارد الفصل الضرورية ، مثل الكتاب المدرسي أو الآلة الحاسبة أو دفتر أو أي شيء آخر يريد المعلم أن يكون لديك.
- تعرضت أو شاهدت التنمر أو المضايقة أو التمييز أو أي نوع آخر من السلوكيات التهديدية التي جعلتك أو أي شخص آخر تشعر بعدم الأمان.

ممرضة المدرسة

ممرضة المدرسة هي شخص محدد يعمل في المدرسة ويساعد في جميع الإصابات والأمراض التي تحدث أثناء اليوم الدراسي أو في الممتلكات الخاصة بالمدرسة. إذا شعرت بالمرض ، أو إذا تألمت او اصبت ، يجب عليك الذهاب إلى ممرضة المدرسة. ليس كل المدارس لديها ممرضة. إذا كانت مدرستك لا

يوجد بها ممرضة مدرسية ، فسيكون هناك مكتب ممرضة محدد يمكنك الذهاب إليه للحصول على المساعدة.

إذا شعرت بالمرض أو أصيبت أثناء تواجدك في الفصل ، يجب أن تخبر المعلم الذي من المحتمل أن يرسلك إلى ممرضة المدرسة. إذا كنت بحاجة إلى مساعدة في العثور على مكتب الممرضة ، فيمكنك أن تسأل مدرسًا أو طالبًا آخر - العبارات المترجمة لهذا موجودة في الفصل 5.

هل يمكن حقًا إرسال بريد إلكتروني إلى موظفي المدرسة؟

نعم! إذا كنت بحاجة إلى التواصل مع مستشار التوجيه في مدرستك ، أو المعلمين ، أو ممرضة المدرسة ، أو حتى نائب المدير ، فاستخدم دليل المدرسة على موقع المدرسة للعثور على الاسم وعنوان البريد الإلكتروني ، ثم أرسل لهم سؤالك عبر البريد الإلكتروني.

في حين أنه من الجيد استخدام الأدوات المذكورة في الفصل 3 لترجمة بريدك الإلكتروني إلى لغة مدرستك ، فمن الجيد تمامًا إرسالها بالبريد الإلكتروني بلغتك الأم! سوف يستخدمون مترجمًا عبر الإنترنت لترجمة رسالتك لفهم ما تكتبه.

يومك المدرسي

يتم تقسيم كل يوم دراسي إلى أقسام زمنية ، تسمى "فترات الفصل". تستمر فترة الفصل الدراسي دائمًا لفترة محددة من الوقت ، ولكن هذا المقدار من الوقت يختلف حسب المدرسة وأحيانًا حسب اليوم. لمساعدة الطلاب على معرفة موعد بدء وانتهاء فترة الفصل الدراسي ، سيكون هناك جرس بصوت مرتفع.

في نهاية فترة الفصل الدراسي ، ستجمع متعلقاتك وتذهب إلى الفصل التالي ، والذي سيكون على الأرجح مع معلم مختلف في فصل دراسي مختلف. عندما يبدأ هذا الفصل ، سوف تسمع صوت جرسًا عاليًا. بمجرد انتهاء هذا الفصل ، سوف تسمع الجرس مرة أخرى. ستكون إحدى الفترات الزمنية لتناول طعام الغداء. سيتم إعطاء جدول حصص يخبرك باسم وموقع كل فصل من فصولك الدراسية ، وأسماء معلميك لتلك الفصول ، وموعد غذائك أي (وقت الراحة).

عندما تكون جديدًا في المدرسة ، فمن الشائع أن تواجه صعوبة في البداية في العثور على مكان وجود الفصول الدراسية الخاصة بك ، أو تذكر المكان الذي من المفترض أن تذهب إليه بعد ذلك. إذا حدث ذلك لك ، فلا داعي للقلق! المدرسون والطلاب يفهمون هذا. إذا كنت بحاجة إلى مساعدة في العثور على فصلك

التالي ، فاطلب المساعدة من مدرس أو طالب آخر. لقد قدمنا عبارات مترجمة لتسهيل ذلك في الفصل الخامس.

يجب أن تأخذ عددًا معينًا من الفصول الدراسية أي (المواد الدراسية) قبل أن تتمكن من التخرج من المدرسة الثانوية. يتم احتساب كل فصل لعدد معين من "الدرجات الدراسية المحسوبة بنظام الكريدت". ستحتاج إلى قدر محدد من أنواع محددة من المواد الدراسية المقررة للتخرج. يعتمد عدد وأنواع المواد الدراسية المطلوبة على مديرية التربية التابعة لها مدرستك. تحدث إلى مستشار التوجيه الخاص بك لمعرفة بالضبط ما عليك القيام به من أجل التخرج من المدرسة الثانوية ، وما هي الموارد الموجودة لمساعدتك إذا كنت في حاجة إليها.

الحضور

يجب عليك أن تصل في الوقت المحدد لكل فصل وتبقى في الفصل الدراسي الخاص بك طوال الفترة. إذا كنت بحاجة إلى استخدام الحمام ، فيجب أن تطلب إذن معلمك قبل أن تتمكن من مغادرة الفصل الدراسي. العبارات المترجمة حول كيفية طرح هذا السؤال موجودة في الفصل الخامس.

يجب عليك أن تبقى في المدرسة طوال اليوم. من المهم أن تحضر جميع فصولك الدراسية ، حتى لا تتخلف عما تدرسه. أيضًا ، إذا تأخرت عن الحضور أو لم تحضر ، فقد تتلقى علامة "تأخير"

من معلمك. تختلف المدارس في كيفية التعامل مع التأخيرات. إذا تلقيت علامة تأخير ، يجب أن ترسل بريدًا إلكترونيًا لمعلمك لتسأل عما إذا كنت بحاجة إلى فعل أي شيء حيال ذلك.

إذا فاتك يومًا دراسيًا كاملاً ، فسيحتاج والدك أو ولي أمرك إلى إرسال بريد إلكتروني إلى المكتب الرئيسي لمدرستك أو "مكتب الحضور". يمكن العثور على عنوان البريد الإلكتروني في دليل المدرسة على موقع المدرسة. يجب على والديك أو الوصي عليك تقديم المعلومات التالية في بريدهم الإلكتروني:

- اسمك كامل الاسم الأول والأخير
- الاسم الأول والأخير وعلاقتهما بك ، مثل "الأم" ، "الأب" ، "الوصي" ، "العم" ، وما إلى ذلك.
- رقم معرف الطالب الخاص بك
- تاريخ الغياب وسبب عدم ذهابك إلى المدرسة

إذا تأخرت كثيرًا أو تغيبت عن المدرسة كثيرًا ، فقد تواجه مشكلة مع المدرسة. إذا فاتك فصل دراسي أو يوم دراسي ، فمن المهم أن يشرح والديك أو ولي أمرك سبب تغيبك عن المدرسة ، حتى تتمكن من تجنب الوقوع في المشاكل.

وجبات الطعام في المدرسة

يتستمر اليوم الدراسي حتى الغداء ، لذا ستوفر المدرسة الطعام للطلاب الذين يحتاجون إليها في الكافتيريا. في بعض

الأحيان ، بما أن المدرسة تبدأ في وقت مبكر من اليوم ، تقدم المدارس أيضًا وجبة الإفطار في الصباح.

من المحتمل أن تجد معلومات حول من هو مؤهل للحصول على وجبات مجانية على موقع المدرسة ، وإذا لم يكن كذلك ، يمكنك إرسال بريد إلكتروني إلى مستشار المدرسة. يتلقى العديد من الطلاب وجبات إفطار وغداء مجانية أثناء تواجدهم في المدرسة ، بما في ذلك الوافدون الجدد واللاجئون.

إذا كنت تتلقى وجبات مجانية في المدرسة ، فيجب عليك أن تعرف ما يلي:

الشعور بالتعب أو المرض في المدرسة

إذا شعرت بالمرض في المدرسة ، يجب أن تخبر معلمك. العبارات المترجمة لتسهيل ذلك موجودة في الفصل الخامس.

قد يرسلك المعلم إلى ممرضة المدرسة ، التي ستعتني بك و يخبرك بما يجب عليك فعله بعد ذلك. إذا كنت مريضًا جدًا ولا يمكنك الذهاب إلى المدرسة ، فيجب عليك البقاء في المنزل. من الأمثلة على ذلك عندما تكون مصابًا بالحمى أو الغثيان أو القيء أو الإسهال أو التهابات العين.

عندما يحدث هذا ، يجب عليك البقاء في المنزل وعدم الذهاب إلى المدرسة حتى تتحسن. يجب على والديك أو ولي أمرك

إرسال بريد إلكتروني إلى المدرسة وإخبارهم بأنك مريض وسيبقى في المنزل. لا يوجد مشكلة في ذلك.

الخزائن

الخزانة هي مساحة صغيرة لتخزين المتعلقات المطلوبة في المدرسة ، مثل الكتب ، ودفاتر الملاحظات ، وأقلام الرصاص ، ووجبة غداء منزلية ، أو أغراض شخصية (مثل مشط الشعر أو الفرشاة ، وزجاجة المياه ، وأدوات النظافة ، وما إلى ذلك). قد يحتفظ الطلاب في الطقس البارد أيضًا بمعطفهم أو سترتهم في خزانة ملابسهم. تحتوي معظم المدارس على خزائن ، لكن بعض المدارس لا تحتوي على خزانات.

إذا كانت مدرستك تحتوي على خزانات ، ستتلقى رقم الخزانة التي تستخدمها عند التسجيل ، وسيُسمح لك باستخدام هذه الخزانة طوال العام الدراسي بأكمله. قد يتم تخصيص خزانة مختلفة لك كل عام دراسي. عادةً ما يحتاج الطلاب إلى المساعدة في العثور على مكان وجود الخزانة الخاصة بهم في المدرسة عند تعيينها ، ويحتاجون إلى المساعدة في فتحها في المرات القليلة الأولى. إذا حدث هذا لك ، فلا تتردد في طلب المساعدة من طالب آخر. يمكن العثور على العبارات المترجمة لهذا في الفصل الخامس.

تحتوي كل خزانة على مساحة لإضافة قفل عليها والتي ستبقى مغلقة ما لم يتم استخدام مفتاح أو رمز سري توصلت إليه لفتحه. بينما توفر العديد من المدارس القفل ، تطلب منك بعض المدارس شراء واحدة بنفسك.

ماذا أحضر معي إلى المدرسة

سيتم توفير معظم ما تحتاجه للمدرسة. ولكن غالبًا ما يكون من المفيد شراء بعض هذه العناصر بنفسك. لا يحتاجون إلى أن يكونوا خياليين. أماكن مثل متجر الدولار الواحد ، ومتاجر 99 سنت ، و متاجر التوفير هي أماكن جيدة للبحث. فيما يلي قائمة بـ الإمدادات التي يميل طلابنا إلى شرائها:

- حقيبة ظهر - لحمل أغراضك.
- دفتر ملاحظات ورق مسطر - لتدوين الملاحظات وإكمال المهام. يحصل بعض الطلاب على أكثر من دفتر ملاحظات واحد ، حتى يتمكنوا من استخدام دفتر مختلف في كل فصل. ستحتاج على الأرجح إلى أكثر من دفتر ملاحظات واحد لاستكمال العام الدراسي.
- آلة حاسبة
- أقلام الرصاص - لا. أقلام الرصاص هي الأكثر شيوعًا (غالبًا ما تستخدم للاختبارات والامتحانات) ، ولكن أقلام الرصاص الميكانيكية مفيدة أيضًا.

- مبرأة
- أقلام
- هايلايتر
- مقلمة - لتحافظ على أقلامك الرصاص وأقلامك من الضياع في حقيبة ظهرك.
- غلاف أو مجلد ثلاثي الحلقات - لتنظيم المهام والأوراق لفئات مختلفة ، حتى لا تفقد أي شيء.
- محايات
- الكمبيوتر المحمول - في بعض الأحيان ، تمتلك المدارس مواقع ويب خاصة بالفصول الدراسية حيث يريدون منك تسليم مهامك ، وفي هذه الحالة قد يكون الكمبيوتر المحمول ضروريًا. إذا كان من الضروري أن يكون لديك جهاز الكمبيوتر المحمول ، فيمكنهم اقراضك واحدًا.
- الكتب المدرسية - ستتيح لك مدرستك على الأرجح استعارة كتبك المدرسية وأي كتب أخرى تحتاج إلى قراءتها على مدار العام.
- مفكرة
- صندوق الغداء - إذا أحضرت الغداء إلى المدرسة من المنزل ، فقد يكون من المفيد أن يكون لديك صندوق أو حقيبة منفصلة ووضعها في حقيبة ظهرك.

- أحذية الجمنازيوم / ملابس الجيم - قد ترغب في الحصول على مجموعة منفصلة من الملابس للتمرن في فصل اللياقة البدنية. وإلا فقد تقضي بقية اليوم متعرقًا.
- القفل - إذا كان لديك خزانة ، ولم تكن الخزانة الخاصة بك مزودة بقفل ، فقد تحتاج إلى شرائها بنفسك.

مكتبة المدرسة

يوجد في معظم المدارس مكتبة يمكن لجميع الطلاب الملتحقين بالمدرسة استخدامها مجانًا. عادة ما يكون مفتوحًا قبل موعد المدرسة وبعد انتهاء اليوم الدراسي، وكذلك أثناء فترات الغداء. عادة ما تكون هناك طاولات بالداخل ، حيث يمكنك أداء واجباتك المدرسية أو التجمع في مجموعات صغيرة مع زملاء آخرين للعمل في مشروع الفصل. في بعض الأحيان يتم إجراء دروس خصوصية مجانية هناك.

يمكنك أيضًا استعارة الكتب من المكتبة لأخذها إلى المنزل لفترة زمنية معينة (عادةً من أسبوع إلى أسبوعين) حتى تتمكن من قراءتها وقتما تشاء. إذا وجدت كتابًا ترغب في استعارته ، يجب أن تأخذ الكتاب إلى أمين المكتبة (شخص بالغ يجلس على مكتب ، وعادة ما يكون لديه لافتة تقول أنه أمين المكتبة) ، أو استخدم آلة كا جهاز كمبيوتر "لاستعارة" الكتاب. تتيح عملية "الاستعارة" ، التي يتم إجراؤها بواسطة الجهاز أو أمين المكتبة ، للمدرسة معرفة أنك استعارت الكتاب ومتى من المفترض أن تعيده.

إذا فقدت الكتاب ، أو إذا انتظرت وقتًا طويلاً لإعادته عندما ينتهي الوقت المحدد لاستعارة الكتاب ، فستحتاج إلى دفع رسوم أو القيمة الكاملة للكتاب ، لذلك عليك أن تتذكر الموعد المحدد وإعادته إلى المكتبة. سيتم تقديم تاريخ الاستحقاق لذلك ، وإذا نسيت الموعد المحدد ، يمكنك غالبًا أن تطلب من أمين المكتبة التحقق من ذلك.

ما يمكن توقعه في الفصل الدراسي وكيفية التعامل معه مثل المحترفين

بالنسبة لغالبية المدارس ، ستضم الفصول الأولاد والبنات يتعلمون معًا ، بما في ذلك فصول اللياقة البدنية. يتم دائمًا فصل الحمامات وغرف تغيير الملابس إلى غرف للأولاد فقط وغرف للبنات فقط.

إذا كنت ترغب في التحدث في الفصل ، فمن المتوقع عادة أن ترفع يدك وتنتظر حتى يسمح لك المعلم بالتحدث. بشكل عام ، لا يجب أن تتحدث في الفصل إلا إذا قال المعلم أنه لا بأس بذلك.

عند العمل بشكل مستقل في الفصل ، مثل القراءة أو إكمال اختبار أو اختبار قصير أو واجب ، فمن المتوقع أن تعمل بهدوء. إذا كنت بحاجة إلى مساعدة ، يجب أن ترفع يدك أو تتوجه إلى المعلم لطرح

سؤالك بهدوء ، حتى يتمكن الطلاب الآخرون من الاستمرار في التركيز.

سيطلب منك معلمك أحيانًا العمل في مجموعة مع طلاب آخرين. عندما يحدث هذا ، لا تحتاج إلى رفع يدك للتحدث ، ولكن من دواعي اللطف والأدب الانتظار حتى ينتهي زميلك في الفصل من التحدث قبل أن تبدأ الحديث.

الواجبات و المهام

سيطلب منك المعلمون في معظم الفصول الدراسية إكمال العمل المدرسي في المنزل ، مثل قراءة جزء من الكتاب المدرسي أو إكمال ورقة العمل. هذا واجب ، أو وجزء من المهام المنزلية! يتفاجأ العديد من الطلاب عندما يعلمون أن هذه المهام غالبًا ما تُحسب لمعظم درجاتهم في ذلك الفصل.

قد يستخدم معلمك موقعًا للصف مثل Canvas أو Google Classroom لإعطاء المهام واستلامها ، وفي هذه الحالة يمكنك التحقق من موقع الويب هذا لمعرفة المهام التي تحتاج إلى القيام بها. ومع ذلك ، قد يقول معلمك بصوت عالٍ ما تحتاج إلى القيام به ومتى تريد القيام به ، لذلك يجب عليك كتابة تفاصيل المهمة (أي تعليمات وتاريخ الاستحقاق) إذا فعلوا ذلك.

يجد معظم الطلاب أنه من المفيد استخدام دفتر ملاحظات صغير أو مفكرة لتسجيل ومتابعة موعد استحقاق المهام وموعد الاختبارات. المطلوب منك إكمال كل هذا العمل المعين ، وإعادته إلى معلمك بحلول التاريخ الذي مستحق فيه تسليم المهام. سيقوم المعلم بعد ذلك بمراجعة واجبك ، ومنحه تقديرًا ، وتسجيل هذا التقدير أو الدرجة في دفتر التقديرات الخاص به. سوف يمنحك العديد من المعلمين درجة أقل مما تستحق في حالة تسليم مهمة متأخرة بعد الموعد المحدد للتسليم أو حتى يمنحك صفرًا (أسوأ درجة يمكنك الحصول عليها) ، لذا تأكد من تتبع المهام والواجبات التي تحتاج إلى القيام بها ومتى يجب عليك تسليمها ، أو المخاطرة بالرسوب في الفصل وتحتاج إلى إعادته مرة أخرى.

إذا لم تكن متأكدًا من واجبك المنزلي أو موعد تسليمه ، يمكنك أن تسأل معلمك أو طالبًا من زملائك في صفك. العبارات المترجمة لهذا موجودة في الفصل الخامس.

تدريبات الطوارئ

حوالي مرة واحدة في السنة ، تمارس المدارس ما يجب القيام به في حالة الطوارئ ، مثل نشوب حريق. بهذه الطريقة ، في حالة حدوث حالة الطوارئ ، يعرف الطلاب ما يجب عليهم فعله. تسمى هذه "تدريبات الطوارئ" ، ولا داعي للقلق أثناءها حيث لا يوجد خطر حقيقي يحدث.

أثناء هذه التدريبات ، يصدر صوت انذار عاليًا ، و سيخبر مدرسك الطلاب بما يجب عليهم فعله لإكمال التمرين. على سبيل المثال ، قد يُطلب منك تشكيل صف واحد عند الباب والمشي بهدوء في الهواء الطلق ، أو قد يُطلب منك البقاء في الفصل والجلوس أسفل مكتبك.

عادة ما يتم الانتهاء من التمرين بأكمله في أقل من عشرين دقيقة ، وستقوم المدرسة بأكملها بذلك معًا. بمجرد اكتمال التمرين ، ستعود المدرسة بأكملها إلى التعلم ويستمر اليوم.

الصحة و العادات الصحية

عند التسجيل في المدرسة لأول مرة ، قد يُطلب منك الحصول على لقاحات قبل بدء الدراسة أو إكمال اختبار بدني قبل الانضمام إلى رياضة مدرسية. من المهم أن تتأكد المدرسة من حصول طلابها على اللقاحات اللازمة قبل بدء الدراسة ، حتى لا تنتشر الأمراض في المدرسة.

وبالمثل ، من المهم أن تعرف المدرسة أن الطلاب في فرقهم الرياضية يتمتعون بصحة جيدة ، حتى يعرفوا ما إذا كان الطالب يصبح غير قادر صحيا على ممارسة الرياضة. سيطلبون على الأرجح سجلاً رسميًا للقاحات أو الفحص البدني لإظهار المدرسة ، والتي قد يوفرها طبيبك.

مدرستك تهتم بصحتك أيضًا. إذا شعرت بالحزن الشديد أو الخوف على سلامتك بأي شكل من الأشكال ، فنحن نشجعك على إرسال بريد إلكتروني إلى مستشار التوجيه الخاص بك حول هذا الأمر حتى يتمكن من مساعدتك

يتوقع من الطلاب والمعلمين والموظفين معاملة بعضهم البعض باحترام ولطف. لا يُسمح بأي سلوكيات مثل التنمر أو القتال أو المضايقة أو التهديد من أي شخص. إذا واجهت أيًا من هذه الأشياء في المدرسة أو شعرت بعدم الأمان ، فيجب عليك إخبار مدرس أو مستشار أو مراسلته عبر البريد الإلكتروني. إذا لم تكن متأكدًا مما إذا كان ما تواجهه أم لا أو ما ترى أن الآخرين يتعرضون له هو تنمر أو مضايقة أو تمييز أو سلوك تهديد ، فعليك أن تسأل مدرسًا أو شخصًا بالغًا آخر. يمكن العثور على العبارات المترجمة حول كيفية القيام بذلك في الفصل الخامس.

أهم نصائح لأفضل الدرجات

1. ابدأ واجباتك المدرسية مبكرًا. لا تنتظر حتى اللحظة الأخيرة لبدء العمل بها ، أو قد ينفد الوقت لتسليمه ، أو التسرع والقيام بعمل بجودة ضعيفة لضيق الوقت. بدلاً من ذلك ، ابدأ في العمل على واجبك المنزلي عند تعيينه ، أو قبل يوم أو يومين من موعد استحقاقه ، اعتمادًا على مقدار العمل الذي يتعين عليك القيام به. وبالمثل ، إذا كان لديك اختبار أو امتحان ، فابدأ في المذاكرة قبل الامتحان بفترة وجيزة ، بدلاً من تكدس كل المواد في ليلة ما قبل

الامتحان. إذا انتظرت ، فلن تنسى ما قمت بمذاكرته فقط ، بل ستكون متعبًا جدًا وقت الامتحان! راجع الكتاب المدرسي وملاحظاتك والواجبات السابقة قبل الامتحان ، وابدأ قبل أسبوع.

2. طلب المساعدة عند الحاجة إليها. إذا كنت لا تفهم شيئًا ما ، اسأل معلمك أو زميلك في الفصل أو مدرسك الخاص. حتى إذا كنت تعتقد أنه يمكنك معرفة ذلك ، فاطلب التأكيد على صحة معلوماتك. من الأفضل دائمًا طلب المساعدة وعدم الحاجة إلى المساعدة بدلاً من التزام الصمت وتفويت فرص التعلم. هذا لا يعني أنك لست ذكيًا ، أو أنك لا تستطيع القيام بالعمل بمفردك. هذا يعني أنك طالب جيد!

3. لبقاء على جدول الواجب المنزلي والالتزام بالموعد المحدد لها. تتبع المهام التي تحتاج إلى تسليمها وما عليك القيام به لإكمالها. يهدف الواجب المنزلي إلى إعدادك لكل اختبار ، وهو أمر حيوي للحصول على درجة جيدة. إذا تأخرت في المهام ، فسوف تتراكم وتصبح مخيفة. إذا حدث هذا ، على الرغم من ذلك ، فلا تحبط! اطلب من مدرسك أو معلمك الخاص أو أي طالب آخر مساعدتك في وضع خطة لتسليم واجباتك المتأخرة. لم يفت الأوان أبدا بعد للعودة إلى المسار الصحيح.

4. علم الآخرين. أفضل طريقة للتعلم هي بمساعدة الآخرين. تناوب مع أصدقائك على شرح المفاهيم لبعضكما البعض. بهذه الطريقة ، يحصل كل منكما على فرصة لمحاولة تدريس المادة ، ويمكنك التعلم من بعضكما البعض في نفس الوقت. إذا لم يكن لديك وقت للاجتماع مع أصدقائك ، فيمكنك تعليم المادة لحيوان أليف أو دمية أو انعكاس صورتك في المرآة. الجزء المهم هو تسميع المادة بصوت عالٍ ، وتصفح كل جانب من جوانبها. وإذا كنت تواجه مشكلة في اكتشاف شيء ما ، فحاول التحدث خلال العملية الخاصة بك ، وقد تتمكن من إيجاد الإجابة بنفسك.

5. تعلم من الإجابات الخاطئة. كل شخص يمكن أن يحصل على درجات سيئة في بعض الأحيان. هذا لا يعني أنك لست ذكيًا ، أو أنك لديك صعوبات معينة - إنه يحدث! في الواقع ، يعد الحصول على إجابة خاطئة فرصة لا تقدر بثمن للتعلم. إذا استعدت مهمة ، حتى لو لم يكن لديك سوى إجابة واحدة خاطئة ، أو تم حذف بضع نقاط ، فخذ بعض الوقت لفهم السبب. إذا استطعت ، حاول إعادة الإجابة على السؤال. لا تدع فرصة التعلم ات تهرب! إذا كنت بحاجة ، اطلب من معلمك أو معلمك أو أي طالب آخر مساعدتك. الآن ، سيكون لديك معرفة إضافية بالانتقال إلى المهام التالية ، لأنك تعرف سبب صحة الإجابة الصحيحة ، ولماذا الإجابة غير صحيحة. تأكد من الاستفادة من هذه الميزة!

هذه هي النصائح الدراسية التي ساعدتنا كثيرًا خلال أيام دراستنا - نأمل أن تساعدك أيضًا !

لكن الأهم من ذلك هو الاستمرار. الجميع يكافحون في الدراسة في بعض الأحيان. من الجيد أن تكافح ، لأن هذا يعني أنك تتعلم وتواجه تحديًا ، ولكن قد يكون ذلك صعبًا أيضًا. ومع ذلك ، فإن أهم نصيحة لدينا هي الإصرار ! عليك أن تؤمن بنفسك! أنت أكثر قدرة مما تعرف ، وسترى النتائج والمكافآت.

حظ سعيد

الفصل 5

كيف أقول ...؟

في الصفحات التالية ، قمنا بجمع بعض العبارات التي وجد الطلاب الآخرون أنها مفيدة للغاية في الحصول عليها في المدرسة. ستلاحظ أن العبارات مكتوبة باللغة الإنجليزية على جانب واحد من الصفحة و بلغتك الأم على الجانب الآخر. لقد فعلنا ذلك عن قصد حتى تتمكن من تمزيق الصفحات واصطحابها معك إلى المدرسة ، بدلاً من حفظها مسبقًا!

يمكنك الاحتفاظ بهذه الصفحات في حقيبة الظهر الخاصة بك ، بحيث عندما تحتاج إلى استخدام واحدة ، يمكنك الإشارة إلى الجانب المكتوب باللغة الإنجليزية من الورقة لمن تريد التواصل معه. كلما شعرت براحة أكبر في قول هذه العبارات بنفسك ، يمكنك إعطاء الصفحات لطالب جديد ومساعدته!

فيما يلي العبارات التي وجدها الطلاب أكثر فائدة.

I do not understand what you mean. Can you repeat it into my phone so I can translate it?	انا لا افهم قصدك. هل يمكنك تكرارها على هاتفي حتى أتمكن من ترجمتها؟
What is the homework?	ما هو الواجب المنزلي؟
When is the homework due?	ما هو الموعد المحدد لتسليم الواجب المنزلي؟
Can you help me with my homework?	هل يمكنك مساعدتي في واجبي المنزلي؟
Can you help me find a tutor for this class?	هل يمكنك مساعدتي في العثور على مدرس خاص لمساعدتي بهذا الفصل؟
Can you help me find my class?	هل يمكنك مساعدتي في العثور على صفي؟

Can you help me find my locker?	هل يمكنك مساعدتي في العثور على الخزانة الخاصة بي؟
Can you help me open my locker?	هل يمكنك مساعدتي في فتح الخزانة الخاصة بي؟
Can I go to the bathroom?	هل أستطيع الذهاب إلى الحمام؟
Where is the bathroom?	أين الحمام؟
I do not feel well. Can you direct me to the nurse's office?	لا لست بحالة جيدة. هل يمكنك توجيهي إلى مكتب الممرضة؟
My stomach hurts.	معدتي تؤلمني.
I have a headache.	عندى صداع.
I think I have seen a student being bullied/harassed/threatened/discriminated	أعتقد أنني رأيت طالبًا يتعرض للتنمر / المضايقة / التهديد / التمييز ضده. هل بإمكانك مساعدتي؟

against. Can you help me?	
I think I am being bullied/harassed/threatened/discriminated against. Can you help me?	أعتقد أنني أتعرض للتنمر / المضايقة / التهديد / التمييز ضدي. هل بإمكانك مساعدتي؟
I am feeling very sad/scared.	أشعر بالحزن / الخوف الشديد.
What do I need to graduate?	ماذا أحتاج للتخرج؟
Thank you for your help!	شكرا لك على مساعدتك!
My name is ___. Nice to meet you!	اسمي ___. سعيد بلقائك!
Can I join you here?	هل يمكنني الانضمام إليك هنا؟

الفصل 6

انت جاهز!

إذا كنت قد قرأت هذا الكتاب حتى هنا، فقد تلقيت الكثير من النصائح و الارشادات والرسائل من الطلاب الذين كانوا أيضًا جددًا في مدارسهم وغير متأكدين مما يمكن توقعه.

رحلتك في المدرسة الجديدة بدأت الآن ، وستكون مغامرة. ستستمر في اكتساب المزيد من نقاط القوة والمهارات التي لن فقط ستخدمك جيدًا في المدرسة ، بل ستفيدك جيدًا في الحياة. أنت مستعد لهذه المغامرة التي لا تنسى!

تذكر دائمًا أن هناك أطفالًا آخرين مثلك يفهمون هذه الرحلة. لذا ، لإغلاق هذا الكتاب ، لدينا بعض كلمات الوداع الأخيرة لك.

نتمنى لك كل التوفيق ، إلا أننا نعلم أنك لست بحاجة إلى الحظ. نعلم من التجربة أنك ستحقق كل ما تضعه في ذهنك بالمثابرة والعمل الجاد الذي أظهرته كثيرًا بالفعل. لذلك نتمنى لك

رحلة سعيدة بدلاً من ذلك. نأمل أن تقضي وقتًا رائعًا في المدرسة ، ونحن متحمسون جدًا لرؤية نجاحك!

صديقك،

Avery

كلمات وداع من طلابنا

لا تيأس أبدا! -دميترو

الدراسة الجادة هي أهم شيء يمكنك القيام به. – كاميلا

تذكر أن تحب الناس وتساعدهم. – نجيب

كن نفسك وكل شيء سيكون حقا على ما يرام. – يوليا

لا بأس أن تخجل وتخاف في البداية. يشعر الجميع بهذا. – أوليفيا

لا توجد طرق مختصرة. تحلى بالصبر وسوف تنجح. – خديجة

لا تخف من إظهار مشاعرك لأي شخص. – إيفان

كل ما تؤمن به ، يمكنك تحقيقه. لا تستسلم حتى تصل لهدفك! – دانييلا

كل تجربة جديدة تعلمك شيئًا ذو قيمة. – جواكين

حاول أن لا تقلق كثيرا. سوف تنجح. – شارلوت

ثق بنفسك وتذكر كل ما حققته وتعلمته. ـ امير

يمكنك استخدام الأشياء في الماضي لمساعدتك في المستقبل. — أوليانا

استمر. أنت تحرز تقدمًا وستصل! — ديفيد

إذا كنت على استعداد لخوض المصاعب خلال شبابك ، فسيكون لديك مستقبل رائع. — فيدير

إن بدء الدراسة في مدرسة جديدة أمر استثنائي ويجعلك شخص استثنائي أيضا . —— ايكسامينا

يمكنك أن تنظر إلى الغد بأمل أو خوف. اختر الأمل. — أمينة

حاول التحدث إلى أكبر عدد ممكن من الأشخاص وكوّن أكبر عدد ممكن من الأصدقاء. — حكيم

استخدم أجهزة الكمبيوتر المحمولة أو الهواتف أو أي أشياء أخرى باللغة الإنجليزية لأن ذلك يساعد كثيرًا في تعلم اللغة الإنجليزية واللغة الإنجليزية أمر مهم حقًا. — نادية

إذا تمكنت انا من النجاح ، يمكنك أنت أيضا أن تنجح. ثق بي. — جينيسيس

انت تقدر على هذا! ـ نعومي

نبذة عن المؤلف

في ربيع عام 2020 Avery Yue أسست Willow Way Tutoring & Enrichment مع شقيقها الكساندر. منذ ذلك الحين ، نمت المنظمة غير الربحية لتصل إلى الطلاب من جميع أنحاء كاليفورنيا إلى أجزاء بعيدة من العالم. كما وسعت خدماتها من التدريس متعدد اللغات لتشمل جلسات Hangout الاجتماعية عبر الإنترنت ، وجلسات المساعدة في الواجبات المنزلية ، ومجموعات دراسة AP ، والأحداث الشخصية ، والرياضات البدنية المجانية ، وحلقات الكتابة. بصرف النظر عن إطلاق وتوجيه العديد من هذه البرامج ، قامت Avery أيضًا بتدريس أكثر من 1000 ساعة بشكل شخصي.

تم منح Willow Way Tutoring & Enrichment جائزة الشريك الأكثر قيمة مؤثرة من قبل مديرة التربية سان وان للسنتين الدراسيتين 2021-2022 و 2022-2023 ، المعترف بها رسميًا من قبل عضو الكونغرس من كاليفورنيا Ami Bera، وحصلت على منحة سخية من مؤسسة James B. McClatchy Family Foundation

ظهرت فكرة دليل الأصدقاء عندما عبر طلابنا عن حاجتهم إلى فهم ليس فقط موادهم المدرسية ، ولكن مدرستهم

نفسها. لقد ترسخت الفكرة عندما قال الطلاب إنهم لا يشعرون بأنهم ينتمون إلى مدرستهم ، وشعروا بالوحدة في كفاحهم ، غير متأكدين من الحلول التي قد تساعدهم أو المتاحة لهم. هذا الكتاب عبارة عن مجموعة من أفضل النصائح والخبرة والموارد التي قدمتها مجموعتنا ، بقيادة المراهقين ، لطلابنا الوافدين الجدد على مر السنين. نأمل أن يقدم هذا الكتاب الدعم للطلاب المذهلين والوافدين الجدد المذهلين إلى مدارسنا. لديك صديق فينا وهذا الكتاب هديتنا لك!